Maja von Vogel wurde 1973 geboren und wuchs im Emsland auf. Sie studierte Deutsch und Französisch, lebte ein Jahr in Paris und arbeitete mehrere Jahre als Lektorin in einem Kinderbuchverlag, bevor sie sich als Autorin und Übersetzerin selbstständig machte. Heute lebt Maja von Vogel in Oldenburg.

Silke Voigt wurde 1971 in Halle/Saale geboren. Sie hat in Münster Grafikdesign und freie Kunst studiert und arbeitet seit 1995 als freiberufliche Grafikerin und Illustratorin. Mit viel Humor zeichnet sie besonders gern lustige und freche Bilder für Erstlesebücher. Kein Wunder, dass sie das so gut kann, denn schon mit vier Jahren hat sie alles, was sie sich gewünscht, aber nicht bekommen hat, einfach aufgemalt. Heute lebt Silke Voigt mit ihrem Mann und ihren Kindern in der Nähe von Münster auf dem Land.

Maja von Vogel

Pass auf,
kleiner Seehund!

Illustriert von Silke Voigt

www.leseloewen.de

ISBN 978-3-7855-7459-1
Veränderte Neuausgabe 2012
1. Auflage 2012
© 2007 Loewe Verlag GmbH, Bindlach
Umschlagillustration: Silke Voigt
Reihenlogo: nach einem Entwurf
von Angelika Stubner
Printed in Germany

www.loewe-verlag.de

Inhalt

Was tun gegen Langeweile?

Erik, der kleine , liegt im

und gähnt. „Mir ist langweilig", sagt

er zu Mama . „Tauchst du

mit mir durch die ?"

Mama schüttelt den .

„Jetzt nicht. Ich will noch etwas in

der dösen."

8

Sie schließt die  und ist schon

eingeschlafen.

„Ich will aber nicht schlafen!",

schimpft Erik. „Ich will was erleben!"

„Dann musst du nach den

suchen", sagt Opa .

„Bei den  ist immer etwas los."

„Ehrlich?" Erik macht große  .

„Gibt es wirklich  im  ?"

Opa  zwinkert Erik zu.

„Natürlich. Ihre  sind so grün

wie . Ihre  glänzen

wie  und sie können zaubern.

Wenn ihnen deine  nicht gefällt,

verwandeln sie dich – ruckzuck –

in einen ."

Erik schielt auf seine . Ob sie

den  gefallen würde? Erik will

nicht in einen 🦀 verwandelt

werden. Aber eine echte

würde er schon gern sehen.

„Los, Opa!", ruft er aufgeregt.

„Wir gehen die  suchen!"

Aber Opa  gähnt. „Dafür habe

ich heute zu viel gegessen.

Vielleicht ein andermal. Jetzt muss

ich mich ausruhen."

Er legt den  in den

und fängt an zu schnarchen.

Erik seufzt. Er schaut aufs

hinaus, das grün in der

glitzert wie die  einer .

Langsam robbt er über den .

Er sieht sich noch einmal nach

Mama und Opa  um, aber sie

schlafen tief und fest.

„Dann suche ich die  eben

allein", brummt Erik und lässt sich

leise ins  gleiten.

Nixe gesucht!

Erik taucht tiefer und tiefer ins

hinab. Er sieht viele ,

ein paar und sogar einen

großen . Plötzlich werden

die immer dichter. Erik reißt

die auf – aber eine kann

er nicht entdecken.

Die  bewegen sich wie

lange , die nach Erik greifen

wollen. Plötzlich taucht eine

große auf. Sie schimmert

rot und gelb.

„Was machst du denn hier,

kleiner ?", fragt die .

„Ich suche die ", erklärt Erik.

„Weißt du, wo ich sie finde?"

Die  schüttelt den .

18

„Eine  habe ich hier noch nie

gesehen. Da hat dir wohl jemand

einen 🐻 aufgebunden.“

Kichernd verschwindet die

zwischen den  .

Erik sieht ihr wütend nach.

Opa  hat ihm bestimmt

keinen  aufgebunden.

Irgendwo im  leben die

und Erik wird sie finden!

Entschlossen schwimmt der

kleine  weiter. Er taucht noch

tiefer, plötzlich ist es ganz dunkel.

Die  ist nicht mehr zu sehen.

Jetzt wird es Erik etwas unheimlich.

Da! Was ist das? Dort hinten glitzert

etwas. Ob das ein 🐟 ist? Oder …

eine 🧜 ? Erik sieht gerade noch,

wie eine silberne 🐟 zwischen

den 🌿 verschwindet.

Der kleine  flitzt hinterher.

Das ist kein  ! Erik sieht lange

grüne . So grün wie .

Genau wie Opa gesagt hat!

Erik hat eine gefunden! Leider

ist die verflixt schnell.

Sie schwimmt auf ein  zu,

das düster auf dem  liegt.

Dann schlägt sie einmal mit ihrer

silbernen  – und schwups! ist

sie im  verschwunden.

Erik, der Retter in der Not

„Hallo, !", ruft Erik. „Komm raus!"

Aber die  lässt sich nicht blicken.

Da fällt plötzlich ein dunkler

auf das  . Ein !

Er schwimmt direkt auf Erik zu!

Schnell schlüpft der kleine 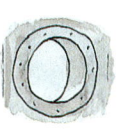 durch

ein rundes  ins  .

„Wo bist du, ?", flüstert er.

„Wir müssen weg! Oder willst du

vom  gefressen werden?"

Tief unten im  sieht Erik

etwas glitzern. Die !

Sie schlägt aufgeregt mit ihrer

hin und her, aber sie kommt nicht

vom  .

„Hilf mir!", bittet die  .

„Ich hänge fest!"

Schnell schwimmt der kleine

näher heran. Tatsächlich!

Die grünen 🟢 haben sich in

einem 🕸 verfangen, das von

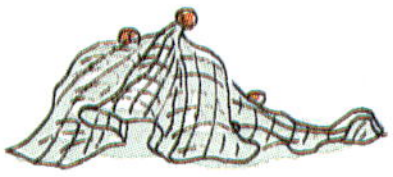

der 🟫 hängt.

So ein ! Erik überlegt. Dann

weiß er, wie er der helfen kann.

„Halt still", flüstert er. „Gleich bist

du frei." Mit seinen spitzen nagt

er das durch.

„Beeil dich!" Die  reißt ängstlich

die  auf. Der  zwängt sich

gerade durchs 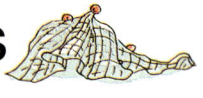. Da fällt das

herunter und die  ist frei.

„Nichts wie weg!", ruft sie und greift

nach Eriks .

Der  ist jetzt im  .

Aber die   saust so schnell an

ihm vorbei, dass er nicht mal mit

den  klappern kann. Sie

bewegt ihre  kräftig hin und her.

Die beiden schießen wie eine

aus dem  . „Geschafft!", jubelt

der kleine  . „Du hast uns

gerettet!" – „Nein, du hast mich

gerettet", sagt die  . „Danke sehr!

Ich heiße übrigens Luna."

„Und ich bin Erik", sagt der

kleine 🦭. „Gefällt dir eigentlich

meine 🦭?" – „Klar", sagt Luna.

„Sie glänzt schwarz wie eine ."

„Oh, gut", seufzt Erik erleichtert.

„Sehen wir uns morgen wieder?",

fragt Luna. „Wir könnten

spielen!" – „Prima!" Erik winkt

der  zu. Dann schwimmt er

zurück zu Mama und Opa  .

Die werden staunen, wenn er ihnen

von Luna erzählt! Erik ist bestimmt

der einzige  im ganzen ,

der mit einer befreundet ist.

Die Wörter zu den Bildern:

 Seehund

 Haare

 Sand

 Algen

 Wellen

 Schwanz-flossen

 Kopf

 Silber

 Sonne

 Nase

 Augen

 Krebs

 Nixen

 Fisch

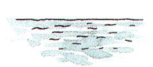 Meer

 See-pferdchen

 Wal

 Fleck

 Finger

 Netz

 Qualle

 Decke

 Bär

 Mist

 Wrack

 Zähne

 Meeres-grund

 Flosse

 Schatten

 Rakete

 Hai

 Piraten-flagge

 Fenster

 Seeräuber